Angelika Wagener

Weihnachtsschmuck in der Artischockentechnik

CHRISTOPHORUS
BRUNNEN-REIHE

Seit mehr als 30 Jahren steht der Name „Christophorus“ für kreatives und künstlerisches Gestalten in Freizeit und Beruf. Genauso wie dieser Band der Brunnen-Reihe ist jedes Christophorus-Buch mit viel Sorgfalt erarbeitet: Damit Sie Spass und Erfolg beim Gestalten haben – und Freude an schönen Ergebnissen.

ISBN 3-419-55920-8

Styling und Fotos: Andreas Gerhardt, Bötzingen
Illustrationen: Sascha Wagener, Dortmund
Textredaktion: Anima Kröger, Freiburg
Umschlaggestaltung: Network!, München
Produktion: Print Production, Umkirch
Druck: Freiburger Graphische Betriebe, 1997

Christophorus
Bücher mit Ideen

Inhalt

Weihnachtliches in Artischockentechnik

Adventszeit, Weihnachtszeit – Zeit der Besinnung, Gemütlichkeit und Vorfreude. Ein festlich geschmücktes Heim gehört meiner Meinung nach unbedingt dazu! Eine Kerze in einem hübschen Gesteck bedeutet für mich und meine Familie ein Stück Romantik, die leider in unserem oft hektischen Alltag eine Seltenheit geworden ist.
Die Artischockentechnik eröffnet Ihnen zahlreiche Möglichkeiten, Ihr Heim, Ihre Haustür oder auch Ihren Schreibtisch im Büro weihnachtlich zu schmücken. Selbstverständlich können Sie auch in dieser Technik kleine Geschenke oder prachtvolle Geschenkdosen anfertigen.

Festliche Bänder und naturgetreue Floristik bekommen Sie bei Ihrem Fachhändler. Neu auf dem Markt sind Styroporformen mit Facetten, die mit sechs oder drei Schuppen pro Reihe besteckt werden, und auch Medaillons, die als Geschenkanhänger oder Baumschmuck geeignet sind. In meinen – in der gleichen Reihe erschienenen – Büchern „Dekoratives aus Stoff" und „Artischockentechnik zur Weihnachtszeit" habe ich Artischockenschuppen zu einzelnen Blättern geformt und aufgesteckt oder geklebt. Sie können diese Schuppen auch andrahten und zu Blumen zusammenfügen – eine weitere neue Variante dieses schönen Hobbys.

Alle in diesem Band dargestellten Objekte können Sie mit natürlichem oder künstlichem Tannengrün herstellen. Sollten Sie künstliches Tannengrün einsetzen, können Sie das Gesteck nach den Feiertagen staubdicht verpacken und im nächsten Jahr wiederverwenden.

Lassen Sie sich inspirieren! Viel Freude beim Basteln mit der Artischockentechnik wünscht Ihnen Ihre

Angelika Wagener

Die Autorin dankt den Firmen Marianne Hobby by Kreul, Hallerndorf, und Hotex, Cham, für die großzügige Bereitstellung der Materialien.

Material, Hilfsmittel und Technik

Material und Hilfsmittel

- verschiedene Schleifenbänder
- Kordeln
- Goldlitzen
- Perlen
- verschiedene Styroporformen
- Kränze
- Floristikmaterial
- Steckschwamm
- Körbchen
- Spandose
- Teller
- Kerzen
- Lichterkette
- Dekorationsmaterial
- kurze Stahlstecknadeln in 16 und 18 mm Länge
- Schere
- Bandmaß
- Seitenschneider
- Heißklebepistole
- Blumendraht
- Floristenband
- Acrylfarbe
- Pinsel

Bordüren und Bänder

In jedem Hobbyfachgeschäft finden Sie eine große Auswahl an Schleifenbändern und Bordüren. Ich habe häufig Bänder mit eingefaßten Drahträndern verarbeitet, weil sie sich müheloser falten lassen als herkömmliche Bänder. Außerdem können die Ecken der Schuppen gebogen werden. Je hochwertiger die verarbeiteten Bänder sind, desto edler sehen nachher die fertigen Objekte aus. Sollten Sie die in diesem Buch verwendeten oder ähnliche Bänder bei Ihrem Fachhändler nicht bekommen, können Sie diese auch direkt bei mir bestellen (Anjuscha, Angelika Wagener, Weiße Taube 15a, 44229 Dortmund, Tel. 0231/731348).

Floristik

Moderne künstliche Blumen und Grünpflanzen sind als edler Raumschmuck nicht mehr wegzudenken. Artikel, die in ihrer Perfektion von echten Blumen, Früchten oder Blättern kaum noch zu unterscheiden sind. Ein reichhaltiges Angebot ebenso wie Hilfsmittel zur Verarbeitung finden Sie im Hobbyhandel.

Drähte

Zum Verbinden einzelner Elemente oder zum Andrahten von Blumen oder Schleifen verwenden Sie dünnen Blumendraht von der Rolle (Durchmesser 3 – 4 mm). Es gibt auch fertig geschnittene Drahtstücke in verschiedenen Stärken.

Nadeln

Im Bastelfachhandel gibt es extra kurze Stecknadeln. Sie reichen zum Feststecken der Bänder in der Artischockentechnik aus und sind, vor allem bei kleineren Objekten, sehr praktisch.

Schere

Verwenden Sie vor allem beim Schneiden der Bordüren und Bänder scharfe mittelgroße Scheren. Sollten die Scherenblätter zu stumpf sein, können die Bänder leicht ausfransen.

Technik

Bei einem Objekt sollten verschiedenfarbige Bänder nach Möglichkeit die gleiche Breite aufweisen.

Klassisches Artischockenkugelmuster

❶ Die vorgesehene Menge Band mit der Schere in gleich große Stücke schneiden. Die Länge der Abschnitte hängt von der Breite des Bandes ab. Bei einer Bandbreite von 4 cm sind die Stücke 8 cm lang, bei einer Bandbreite von 6 cm sind sie 12 cm lang (s. Abb. 1).

Abb. 1

❷ Aus jedem Abschnitt ein Dreieck falten. Es entspricht einer Schuppe der Artischocke (s. Abb. 2).

Abb. 2

❸ Auf der Styroporkugel mit vier Stecknadeln ein Quadrat, in diesem Fall aus unifarbenem Schleifenband, straff feststecken (s. Abb. 3).

❹ 1. Reihe: Eine Reihe besteht immer aus vier Schuppen. Die erste von vier Schuppen, in diesem Fall aus gemustertem Band, mit der Spitze auf den Mittelpunkt des unifarbenen Quadrates legen und an den Ecken der Geraden mit Stecknadeln feststecken. Die zweite Schuppe genau gegenüber anlegen, so daß die Spitzen aneinanderstoßen, und ebenfalls an den Ecken der Geraden feststecken. Schuppe drei und vier seitwärts anlegen, so daß die Spitzen einerseits sowie die Ecken der Geraden andererseits aneinanderstoßen und ein Quadrat aus vier Schuppen entsteht (s. Abb. 4).

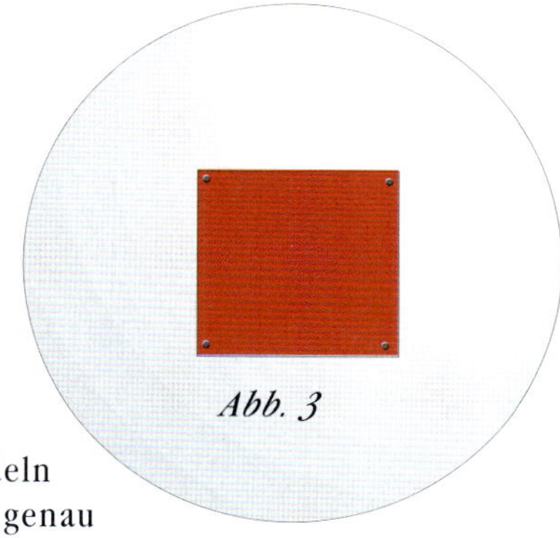

Abb. 3

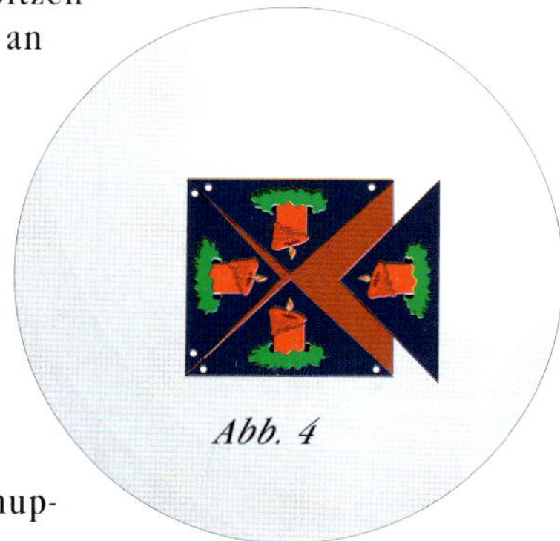

Abb. 4

❺ 2. Reihe: Die nächsten vier Schuppen, in diesem Fall aus unifarbenem Band, 0,5 cm nach unten versetzt, mit der Spitze auf die Zwischenräume der ersten Schuppenreihe setzen (s. Abb. 5).

❻ 3. Reihe: 4 Schuppen des gemusterten Bandes wieder 0,5 cm nach unten versetzt in die Zwischenräume der 2. Reihe stecken.
Fortsetzung auf Seite 6

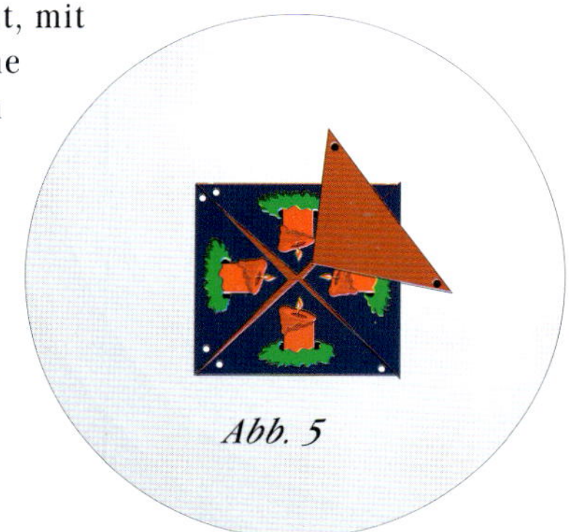

Abb. 5

Fortsetzung von Seite 5

7 Die weiteren Reihen im Wechsel stecken, für die 4. Reihe also 4 Schuppen aus unifarbenem Band, für die 5. wieder 4 Schuppen aus gemustertem Band verwenden. Unbedingt immer den gleichen Abstand von Reihe zu Reihe einhalten, bis die Kugel gänzlich mit Schuppen bedeckt ist. Das letzte Stück mit einem Quadrat aus Band verschließen oder mit einer Schleife verdecken.

Neben dieser klassischen Artischockentechnik gibt es noch weitere Stecktechniken. Mustervorschläge finden Sie in den Anleitungen zu den einzelnen Objekten. Die Sterndose wird beispielsweise mit 5 Schuppen pro Reihe besteckt. Die neue 6-eckige Facettenform können Sie mit 3 Schuppen pro Reihe – siehe Kleines Tischgesteck – oder auch mit 6 Schuppen pro Reihe bestecken. Varianten, die Ihnen sicher gefallen werden.

Großes Adventsgesteck

❶ 40 – je 12 cm lange – Stücke aus dem goldenen sowie 36 – je 12 cm lange – Stücke aus dem gold-blau gemustertem Band zuschneiden und zu Dreiecken falten. Aus dem goldenen Band ebenfalls ein 6 x 6 cm großes Quadrat schneiden.

❷ Das Quadrat auf der Styroporkugel feststecken. Die ersten beiden Reihen aus je 4 goldfarbenen Schuppen fertigen. Dabei die 2. Reihe wie alle weiteren Reihen um 0,5 cm nach unten versetzen.

❸ Die dritte Reihe aus 4 blau-gold-gemusterten Schuppen stecken. Weiter dann je eine Reihe goldfarbener, je eine Reihe blau-gold-gemusterter Schuppen stecken.

❹ Das Körbchen mit Steckschwamm füllen und das Tannengrün hineinstecken. Je eine Schleife aus den beiden Restbändern binden, diese sowie Holzkerzen und Kugel andrahten oder festkleben und dazustecken.

❺ Vier der Beerenpicks mit Floristenband an dem stabilen Draht befestigen und diesen ebenfalls in den Steckschwamm stecken. Mit den anderen Beeren und Weihnachtssternen das Gesteck dekorieren.

Material

- **goldfarbenes Band, 5,50 m lang, 6 cm breit**
- **blau-gold gemustertes Band, 5,10 m lang, 6 cm breit**
- **1 Styroporkugel, ∅ 14 cm**
- **Tannenzweige**
- **6 goldfarbene Ilexbeerenpicks**
- **3 blaue Weihnachtssterne**
- **Holzkerzen, 28 cm hoch, 15 cm breit**
- **goldfarbenes, ovales Drahtkörbchen, 26 x 20 cm**
- **Steckschwamm**
- **stabiler Draht, 30 cm lang**
- **Floristenband**
- **Blumendraht**

Werkzeug

- **Schere**
- **Heißklebepistole**
- **Seitenschneider**
- **Stecknadeln**

Tischgesteck mit Zapfen

Material

- bordeauxfarbenes Band mit breiter Goldkante, 18,60 m lang, 4 cm breit
- 3 Styroporzapfen, 10 cm lang
- Tischaufleger aus künstlicher Tanne oder Tannenzweige
- 1 Mondstecker
- 1 Sonnenstecker
- 1 Sternstecker
- 1 große rote Kerze, 20 cm hoch

Werkzeug

- kurze Stecknadeln
- Schere
- Heißklebepistole
- Seitenschneider

❶ Für einen Zapfen aus dem Band ein 4 x 4 cm großes Quadrat sowie 72 – jeweils 8 cm lange – Stücke zurechtschneiden. Letztere zu Dreiecken falten. Das Quadrat auf die Spitze des Zapfens stecken.

❷ In der 1. Reihe 4 Dreiecke mit der Faltkante nach innen, in der zweiten Reihe 4 Dreiecke mit der Faltkante nach außen – jede Reihe jeweils 0,5 cm nach unten versetzt – feststecken. So im Wechsel, 4 Schuppen mit Faltkante nach innen, 4 Schuppen mit Faltkante nach außen, insgesamt noch 16 Reihen weiterarbeiten.

❸ Die anderen beiden Zapfen auf gleiche Art und Weise erstellen.

❹ Aus dem Restband eine Schleife mit sechs Schlaufen binden, diese und die drei Zapfen auf das Grün kleben. Die Stecker eventuell mit dem Seitenschneider kürzen und zur Dekoration dazustecken. Die Kerze in die Mitte stellen und festkleben.

Türkranz

Erste Kugel

❶ Aus goldfarbenem Band und aus rot-gold-gemustertem Band je 40 Stücke à 8 cm Länge zuschneiden und zu Dreiecken falten.

❷ Aus rot-gold-gemustertem Band ein 4 x 4 cm großes Quadrat schneiden und aufstecken. Für die 1. und 2. Reihe je 4 Schuppen aus goldfarbenem Band, für die 3. und 4. Reihe je 4 Schuppen aus rot-gold-gemustertem Band aufstecken.

❸ Diesen Farbrhythmus – 2 x gold, 2 x rot-gold – bis Reihe 20 fortsetzen.

❹ Aus 70 cm langem, rot-gold-gemustertem Band und mit 40 cm langer, dünner Goldkordel einen Schleifentuff binden, auf die Unterseite der Kugel und dann auf den Kranz kleben.

Zweite Kugel

❶ Aus goldfarbenem Band 12 Stücke und aus rot-gold-gemustertem Band 68 Stücke in je 8 cm Länge zuschneiden und zu Dreiecken falten.

❷ Ein 4 x 4 cm großes Quadrat aus rot-gold-gemustertem Band zuschneiden und aufstecken. 1. Reihe aus 4 goldfarbenen Schuppen stecken. 2. – 6. Reihe aus je 4 rot-gold-gemusterten Schuppen, dabei jede Reihe abwechselnd einmal die Faltkante nach außen, einmal nach innen legen, also 2. Reihe Faltkante nach außen, 3. Reihe Faltkante nach innen, 4. Reihe Faltkante nach außen etc.

❸ Weitere Reihen in folgendem Farbwechsel stecken: 2 x gold, 12 x rot-gold, dabei abwechselnd eine Reihe Faltkante nach außen, eine Reihe Faltkante nach innen stecken.

❹ Aus 70 cm langem, rot-gold-gemustertem Band einen Schleifentuff binden, auf die Unterseite der Kugel und auf den Kranz kleben.

❺ Aus dem Juteband, den Resten des goldfarbenen sowie rot-gold-gemusterten Bandes und der dünnen Goldkordel einen Schleifentuff bilden und ihn auf den Kranz kleben. Die rot-goldene Kordel um den Kranz schlingen und deren Enden auf der Rückseite verknoten.

Material

- **goldfarbenes Band, 5,00 m lang, 4 cm breit**
- **rot-gold-gemustertes Band, 10,60 m lang, 4 cm breit**
- **Juteband mit Goldkante, 60 cm lang, 4 cm breit**
- **rot-goldfarbene Kordel, 1,00 m lang**
- **dünne Goldkordel, 1,20 m lang**
- **2 Styroporkugeln, ∅ 8 cm**
- **Tannenkranz**
- **Blumendraht**

Werkzeug

- **Schere**
- **Heißklebepistole**
- **Seitenschneider**

Süßer die Glocken nie klingen

Material
für große Glocke

- **goldfarbenes Band, 6,00 m lang, 4 cm breit**
- **grünes Band, 1,40 m lang, 2,5 cm breit**
- **rot-gold-gemustertes Band mit Sternenmuster, 1,00 m lang, 2,5 cm breit**
- **Goldlitze, 1,00 m lang**
- **dünne Goldkordel, 50 cm lang**
- **1 Styroporglocke, 16 cm hoch**
- **2 kleine weiße Weihnachtssterne**
- **1 Tannenzweig**

Große Glocke

❶ Aus goldfarbenem Band ein Quadrat 4 x 4 cm zuschneiden. Ferner aus goldfarbenem Band 68 Stücke in 8 cm Länge, aus rot-gold-gemustertem Band 20 Stücke in 5 cm Länge und aus grünem Band 28 Stücke in 5 cm Länge zuschneiden und zu Dreiecken falten.

❷ Auf die Spitze der Glocke das Quadrat stecken. 1. und 2. Reihe mit je 4 Dreiecken aus goldfarbenem Band mit der Faltkante nach außen stecken, dabei die Spitzen mit einer dritten Nadel feststecken.

❸ Die 3. und 4. Reihe mit je 4 Schuppen aus grünem Band stecken, die 5. Reihe mit Schuppen aus rot-gold-gemustertem und die 6. Reihe mit Schuppen aus goldfarbenem Band – von nun an immer mit der Faltkante nach innen – stecken.

❹ Ab nun folgenden Farbwechsel weitere 18 Reihen bis zur 24. Reihe einhalten: 1 x grün, 1 x goldfarben, 1 x rot-gold-gemustert, 1 x goldfarben, u.s.w. Abschließend noch 5 Reihen mit je 4 Schuppen aus goldfarbenem Band aufstecken. Mit restlichem goldfarbenem Band den unteren Glockenrand bestecken und den inneren wie den äußeren Glockenrand mit je einer Goldlitze verkleiden.

❺ Tannenzweig und Weihnachtsstern auf der Glocke festkleben. Dünne Goldkordel als Aufhänger anbringen.

Kleine Glocke

❶ Aus goldfarbenem Band 66 Stücke und aus kariertem Band 72 Stücke, alle jeweils 8 cm lang, zuschneiden und zu Dreiecken falten.

❷ Auf den unteren Glockenrand drei Reihen goldenes Kordelband kleben oder stecken.

❸ 1. Reihe am unteren Glockenrand beginnen. 6 Schuppen aus kariertem Band stecken, so daß deren Spitzen über das goldene Kordelband ragen. 2. Reihe mit 6 goldfarbenen Schuppen mittig über die erhabenen Kanten stecken.

4 Ab nun weitere 21 Reihen im Wechsel eine Reihe je 6 Schuppen aus kariertem, eine Reihe je 6 Schuppen aus goldfarbenem Band stecken.

5 Aus dem restlichen goldfarbenen eine sowie aus dem restlichen karierten Band zwei Schleifen binden, diese mit dünner Goldkordel auf der Spitze der Glocke festkleben. Den Engel daraufsetzen und festkleben.

Material

für kleine Glocke

- **goldfarbenes Band, 6,00 m lang, 4 cm breit**
- **rot-blau-grün-gold-kariertes Band, 7,00 m lang, 4 cm breit**
- **dicke Goldkordel, 1,20 lang**
- **dünne Goldkordel, 50 cm lang**
- **1 Styropor-Facetten-Glocke, 14 cm hoch**
- **1 goldener Engel, sitzend**

Werkzeug

- **extra kurze Stecknadeln**
- **Schere**
- **Heißklebepistole**

Kleines Tischgesteck

❶ 45 – 8 cm lange – Stücke von dem blauen und 45 – 8 cm lange – Stücke von dem beige-goldenen Band zuschneiden und zu Dreiecken falten. Ein 4 x 4 cm großes Stück von dem beige-goldenen Band zuschneiden und aufstecken.

❷ Bei dieser neuen 6-eckigen Facettenform bei jeder Reihe drei Schuppen verwenden. In der ersten Reihe jede zweite Facette mit je einer beige-goldenen Schuppe mit der Faltkante nach oben bestecken und die Spitze der Schuppe mit einer dritten Nadel fixieren. In der zweiten Reihe, 0,5 cm nach unten versetzt, drei blaue Schuppen anbringen. Im Wechsel bis zur 5. Reihe weiterarbeiten, dabei immer die beige-goldenen Schuppen mit der Faltkante nach oben aufstecken. Ab der 6. Reihe den Farbrhythmus wechseln, also beige-goldene auf blaue bzw. blaue auf beige-goldene Schuppen setzen.

❸ Farbrhythmus wieder in der 11. Reihe wechseln, blaue auf beige-goldene bzw. beige-goldene auf blaue Schuppen stecken.

❹ Aus den Resten der blauen und beige-goldenen Bänder mit der Goldkordel zusammen eine Schleife binden. Die Kugel so auf den Palmfächer kleben, daß sie leicht nach vorne geneigt ist. Tannengrün, Weihnachtsstern, Schleife, Kerze, Blatt und Engel arrangieren und festkleben.

Material

- blaues Band, 4 m lang, 4 cm breit
- beige-goldenes Band, mit Drahtkante, 4,10 m lang, 4 cm breit
- dünne Goldkordel, 30 cm lang
- 1 Styropor-Facettenkugel, 10 cm hoch
- 1 ovaler Palmfächer, 25 x 17 cm groß
- 1 kleine, blaue Weihnachtssternblüte
- 1 kleines Blatt
- 1 goldener Engel, knieend
- 1 blaue Kerze, 20 cm hoch

Werkzeug

- kurze Stecknadeln
- Schere
- Heißklebepistole

Geschenkanhänger

Material

- **goldfarbenes Band, 2,80 m lang, 4 cm breit**
- **grünes Band, 2,80 m lang, 2,5 cm breit**
- **rot-gold-gemustertes Band mit Sternenmuster, 3,20 m lang, 2,5 cm breit**
- **dünne Goldkordel, 1,50 m lang**
- **dicke Goldkordel, 80 cm lang**
- **2 Styropor-medaillons, ∅ 10 cm**

Werkzeug

- **extra kurze Stecknadeln**
- **Schere**
- **Heißklebepistole**

❶ Für zwei Geschenkanhänger aus goldfarbenem Band 32 Stücke in 8 cm Länge, aus rot-gold-gemustertem Band 64 Stücke in je 5 cm Länge und aus grünem Band 32 Stücke in je 5 cm Länge zuschneiden und zu Dreiecken falten. Aus goldfarbenem Band 4 Quadrate in der Größe 4 x 4 cm schneiden.

❷ Ein Quadrat in der Mitte eines Medaillons aufstecken. 3 Reihen mit je 4 Dreiecken aus rot-gold-gemustertem Band aufstecken.

❸ Die 4. und 5. Reihe mit je 4 Schuppen aus grünem Band arbeiten, dabei weitere 8 grüne Schuppen in die Zwischenräume der 5. Reihe stecken. In Reihe 6 und 7 mit je 4 rot-gold-gemusterten Schuppen arbeiten.

❹ Für Reihe 8 und 9 Schuppen aus goldfarbenem Band verwenden, mit der Faltkante nach außen legen, dabei untere Kanten feststecken und Überschüssiges abschneiden.

❺ Rückseite des Medaillons: Ein Quadrat, 4 x 4 cm, aus goldfarbenem Band aufstecken. Reihe 1 bis 3 aus je 4 Schuppen aus rot-gold-gemustertem Band und Reihe 4 und 5 aus je 4 Schuppen aus goldfarbenem Band arbeiten, dabei bei Reihe 4 Faltkante nach innen und bei Reihe 5 Faltkante nach außen legen. Überstehende Enden abschneiden.

❻ Dicke Goldkordel um den äußeren Rand kleben. Aus je 30 cm langem grünem Band und dünner Goldkordel je zwei Schleifen binden und auf Vorder- und Rückseite kleben. Dünne Goldkordel als Aufhänger befestigen.

❼ In gleicher Weise einen weiteren Geschenkanhänger anfertigen.

Weihnachtlicher Kranz in Blau-Silber

❶ 0,95 m von dem silberfarbenen Band abschneiden, der Länge nach in der Mitte falten und rund um den unteren Seitenrand des Kranzes feststecken. In jeweils 8 cm Länge 143 Stücke von dem blau-silber-gemusterten Band und 117 Stücke von dem silberfarbenen Band zuschneiden und zu Dreiecken falten.

❷ Am Außenrand des Kranzes beginnen. Für die 1. Reihe 13 Schuppen aus blau-silber-gemustertem Band so aufstecken, daß die Spitzen der Dreiecke mit dem unteren Außenrand des Kranzes abschließen. Für die 2. Reihe, 13 blau-silber-gemusterte Schuppen auf gleiche Höhe versetzt aufstecken, so daß ihre Spitzen ebenfalls mit dem unteren Außenrand des Kranzes abschließen.

❸ In der 3. Reihe 13 silberfarbige Schuppen – 0,5 cm nach oben versetzt – und in gleicher Höhe in der 4. Reihe – seitlich versetzt – 13 blau-silber-gemusterte Schuppen stecken.

❹ Für die 5. und 6. Reihe je 13 silberfarbene Schuppen setzen. In dieser Farbfolge bis zur 20. Reihe am unteren Innenrand des Kranzes fortfahren: 2 x blau-silber, 1 x silberfarben, 1 x blau-silber-gemustert, 2 x silberfarben, 2 x blau-silber-gemustert, 1 x silberfarben, 1 x blau-silber-gemustert, 2 x silberfarben, 2 x blau-silber-gemustert.

❺ Mit den Resten der Bänder zwei Schleifen binden und am Kranz feststecken. Silberkordel in drei Teile unterschiedlicher Länge schneiden, an je zwei Enden eine Perle knoten. Auf der Rückseite des Kranzes einen Bildaufhänger befestigen.

Material

- **blau-silber-gemustertes Band, 12,40 m lang, 4 cm breit**
- **silberfarbenes Band, 11,30 m lang, 4 cm breit**
- **dünne Silberkordel, 1,50 m lang**
- **1 Styroporkranz, ∅ 30 cm**
- **1 Bildaufhänger**
- **3 silberne Perlen, ∅ 2,5 cm**

Werkzeug

- **kurze Stecknadeln**
- **Schere**

Festliche Raumdekoration

Material

- goldfarbenes Band, 6,00 m lang, 4 cm breit
- blau-gold-kariertes Band, 5,20 m lang, 4 cm breit
- blaue Kordel, 9,00 m lang
- goldfarbene Kordel, 2,00 m lang
- dünne Goldkordel, 60 cm lang
- 5 Styroporzapfen, 10 cm lang
- Tannengrün
- 3 weiße Weihnachtssternblüten
- Efeuranken
- 3 große Blätter
- Steckschwamm

Gold-blau-karierter Zapfen mit blauer und goldfarbener Kordel

❶ 1,60 m blaue Kordel spiralförmig um die Spitze des Zapfens legen und festkleben. Aus blau-gold-kariertem Band 16 Stücke in je 8 cm Länge und aus goldfarbenem Band 12 Stücke in je 8 cm Länge zuschneiden und zu Dreiecken falten.

❷ In der 1. Reihe 4 Schuppen aus blau-gold-kariertem Band mit der Faltkante nach oben und der Spitze nach unten stecken. In der 2. Reihe ebenfalls 4 Schuppen aus blau-gold-kariertem Band mit der Faltkante nach oben seitlich versetzt stecken. Dann 5 Reihen im Wechsel je 4 goldfarbene Schuppen, je 4 blau-gold-karierte Schuppen mit der Faltkante nach oben stecken. Um die Spitze des Zapfens 30 cm Goldkordel spiralförmig wickeln.

Goldfarbener Zapfen mit blauer Kordel

❶ Aus dem goldfarbenem Band ein Quadrat, 4 x 4 cm, zuschneiden. Ebenfalls aus goldfarbenem Band 24 Stücke in je 8 cm Länge zuschneiden und zu Dreiecken falten.

❷ Auf der Spitze des Zapfens ein Quadrat und darauf 6 Reihen mit je 4 goldfarbenen Schuppen aufstecken. Um den Unterteil des Zapfens 1,60 m blaue Kordel spiralförmig wickeln und festkleben.

Blau-gold-karierter Zapfen mit goldener Kordel

❶ Ein Quadrat, 4 x 4 cm, aus goldfarbenem Band zuschneiden. 16 Stücke in 8 cm Länge aus blau-gold-kariertem Band und 12 Stücke in 8 cm Länge aus goldfarbenem Band zuschneiden und zu Dreiecken falten.

❷ Das Quadrat auf die Spitze des Zapfens stecken. Von Reihe 1 bis Reihe 7 je 4 blau-gold-karierte Schuppen, je 4 goldfarbene Schuppen im Wechsel stecken. Um das Zapfenende spiralförmig 1,60 m lange Goldkordel wickeln und feststecken.

Blau-gold-karierter Zapfen mit blauer Kordel

❶ Ein Quadrat, 4 x 4 cm, aus goldfarbenem Band ausschneiden. In je 8 cm Länge 12 Stücke aus goldfarbenem und 12 Stücke aus blau-gold-kariertem Band zuschneiden und zu Dreiecken falten.

❷ Das Quadrat auf Zapfenspitze stecken. Darauf in der 1. Reihe 2 Schuppen aus blau-gold-kariertem Band mit der Faltkante nach außen stecken. Diese beiden Schuppen sollten gegenüber liegen. In gleicher Höhe – seitlich versetzt – in der 2. Reihe 2 Schuppen aus goldfarbenem Band stecken. In der 3. und 4. und in der 5. und 6. Reihe – jeweils 0,5 cm nach unten versetzt – ebenso verfahren. Das Unterteil des Zapfens mit 1,60 m langer blauer Kordel spiralförmig umwickeln und festkleben.

Zapfen mit blauer Kordel

❶ Den gesamten Zapfen mit 3,20 m langer blauer Kordel umwickeln und festkleben. Die dünne Goldkordel von Zapfenspitze zu Zapfenspitze und zurück zweimal um den Zapfen legen. Mit Nadeln fixieren.
Fortsetzung auf S. 22

- **4 Stäbe stabiler Draht, jeweils 20 cm lang**
- **Lichterkette**
- **Metallständer, 60 cm hoch, mit Kelchglas, 20 cm hoch**
- **2 goldfarbene Dekorationselemente für Bandenden**

Werkzeug
- **extra kurze Stecknadeln**
- **Schere**
- **Heißklebepistole**
- **Seitenschneider**

Fortsetzung von S. 21
Aus einem 1 m langen und 0,60 m langen blau-gold-karierten Band sowie 0,70 m langen goldfarbenen Band einen Schleifentuff binden. An die Enden des blau-gold-karierten Bandes Dekorationselemente kleben.

In das Kelchglas den Steckschwamm legen. Die Blätter hineinstecken, mit Tannengrün, Efeuranken und Blüten dekorieren. Je 5 Kerzen der Lichterkette mit Draht bündeln und am Tannengrün befestigen. Den Schleifentuff andrahten. 1 m lange blaue Kordel zu einer Schleife binden, die Enden verknoten und daran den blauen Kordelzapfen kleben. In die Mitte der Schleife kleben. Die anderen 4 Zapfen auf Drähte spießen und im Gesteck befestigen.

Weihnachtliche Spandose mit Blüten

1 Aus rot-kariertem Band 30 Stücke in je 8 cm Länge und aus goldfarbenem Band 15 Stücke in 12 cm Länge zurechtschneiden und zu Dreiecken falten. Für ein Blütenblatt die unteren Ecken eines Dreiecks nach innen legen und mit Blumendraht zusammenwickeln. Eine Blüte besteht aus 10 rot-karierten und 5 goldfarbenen Dreiecken.

2 Einige goldfarbene Ilexbeeren mit Blumendraht zusammenbinden. Die rot-karierten und goldfarbenen Blütenblätter herumdrapieren und festkleben.

3 Den Dosendeckel mit roter Acrylfarbe bemalen und den Deckelrand mit 3 Reihen Goldlitze à 90 cm bekleben. Den Schachtelrand einmal rundherum mit 4 cm breitem und einmal mit 6 cm breitem Goldband bekleben.

5 Blüten, Nikolaus, Tannenzweig, Efeuranken auf dem Dosendeckel arrangieren und mit der Klebepistole fixieren.

Material

- **goldfarbenes Band, 2,70 m lang, 6 cm breit**
- **goldfarbenes Band, 1,00 m lang, 4 cm breit**
- **rot-kariertes Band, 2,40 m lang, 4 cm breit**
- **Goldlitze, 2,70 m lang**
- **Tannenzweige**
- **1 Ilexbeerenpick, goldfarben**
- **Efeuranken**
- **1 Weihnachtsmannkopf**
- **Hobbyline Acrylfarbe in Rot**
- **Blumendraht**
- **1 ovale Spandose, 36 x 19 cm**

Werkzeug

- **Schere**
- **Heißklebepistole**
- **Pinsel**

Adventsteller mit Kerzen

Material

- **Juteband mit grünem Rand, 5,30 m lang, 4 cm breit**
- **grünes Band, 1,60 m lang, 4 cm breit**
- **goldfarbenes Band, 4,00 m lang, 4 cm breit**
- **1 Styroporkugel, ∅ 14 cm**
- **4 große längliche Blätter**
- **Tannengrün**
- **1 Beerenpick, goldfarben**
- **1 Juteweihnachtsmann, 28 cm hoch**
- **4 goldfarbene Kerzen**
- **1 cremefarbener Teller, ∅ 50 cm**

Werkzeug

- **kurze Stecknadeln**
- **Schere**
- **Heißklebepistole**
- **Blumendraht**
- **Seitenschneider**

❶ Ein Quadrat aus goldfarbenem Band 4 x 4 cm zuschneiden. Aus goldfarbenem Band 40 Stücke, aus Juteband 56 Stücke und aus grünem Band 20 Stücke, alle jeweils 8 cm lang, zuschneiden und zu Dreiecken falten.

❷ Das Quadrat und die 1. Reihe mit 4 Schuppen aus goldfarbenem Band aufstecken. Die 2. Reihe mit 4 Schuppen aus Juteband, die 3. Reihe mit 4 Schuppen aus goldfarbenem Band, die 4. Reihe mit 4 Schuppen aus Juteband, die 5. Reihe mit 4 Schuppen aus grünem Band aufstecken.

❸ Die nächsten 24 Reihen in folgender Farbfolge stecken: 1 x Jute, 1 x goldfarben, 1 x Jute, 1 x goldfarben, 1 x Jute, 1 x grün, u.s.w.

❹ Schleifen aus restlichem goldfarbenem Band und Juteband binden. Die Blätter zu einer Unterlage zusammenkleben und auf den Teller legen. Reichlich Tannengrün aufkleben und den Weihnachtsmann gut mit Draht befestigen. Die Kerzen aufkleben. Mit Beerenpick und Schleifen dekorieren.

Sterndose

Material

- **goldfarbenes Band, 2,50 m lang, 4 cm breit**
- **altrosafarbenes Band, 1,60 m lang, 4 cm breit**
- **creme-gold-farbenes Band mit Sternen-muster, 2,00 m lang, 4 cm breit**
- **Goldlitze, 1,40 m lang**
- **1 Styropordo-se in Stern-form, ∅ 17 cm**

Werkzeug

- **extra kurze Stecknadeln**
- **Schere**

❶ 15 Stücke aus creme-gold-gemustertem Band, 30 Stück aus goldfarbenem und 20 Stück aus altrosafarbenem Band – jeweils 8 cm lang – zurechtschneiden und zu Dreiecken falten.

❷ Aus dem goldfarbenem Band ein 4 x 4 cm großes Quadrat schneiden, es auf die Mitte des Dosendeckels feststecken und darauf die erste Reihe mit 5 goldfarbenen Schuppen mit der Faltkante nach außen stecken.

❸ Alle weiteren Reihen mit je 5 Dreiecken arbeiten, dabei die Schuppen immer mit der Faltkante nach außen stecken: 2. und 3. Reihe in Creme-Gold, 4. und 5. Reihe in Altrosa. Die Enden der Schuppen zu den Seiten herumziehen und überstehenden Stoff abschneiden.

❹ 6. und 7. Reihe je mit 5 goldfarbenen, 8. und 9. Reihe mit je 5 rosafarbenen, 10. Reihe mit 5 goldgemusterten Schuppen arbeiten.

❺ 11. bis 13. Reihe – Sternspitzen – aus goldfarbenen Schuppen stecken und die Schuppenspitze mit einer dritten Nadel befestigen.

❻ Um den Rand des Dosendeckels 0,70 m Goldlitze und um die Schachtel 0,70 m goldgemustertes Band stecken. Den oberen Schachtelrand mit Goldlitze verkleiden.

Zapfen in neuer Form

Material

- cremefarbenes Band mit Engelmuster, 5,60 m lang, 4 cm breit
- blaues Band, 10,80 m lang, 4 cm breit
- creme-gold-gemustertes Band mit Sternenmuster, 4,80 lang, 4 cm breit
- dünne Goldkordel, 1 m lang
- dicke Goldkordel, 50 cm lang
- 2 Styropor-Facetten-Zapfen, 20 cm lang
- 3 ovale goldene Perlen

Werkzeug

- kurze Stecknadeln
- Schere
- Heißklebepistole

Hängender Zapfen

❶ 4 x 4 cm großes Quadrat aus blauem Band schneiden. Aus dem cremefarbenen Band mit dem Engelmuster 60 Stück, aus dem blauen Band 63 Stück, alle jeweils 8 cm lang, zuschneiden und zu Dreiecken falten.

❷ Quadrat auf die Zapfenspitze stecken. In der 1. Reihe 3 Schuppen aus blauem Band auf jede zweite Facette stecken. In der 2. Reihe 3 Schuppen aus cremefarbenem Band – seitlich und 0,5 cm nach unten versetzt – auf die anderen Facetten stecken. So im Wechsel – 3 blaue Schuppen, 3 cremefarbene Schuppen – 39 Reihen weiterarbeiten.

❸ Aus dem etwa 80 cm langen cremefarbenen und etwa 90 cm langen blauen Band jeweils 2 Schleifen binden, zusammen mit dünner Goldkordel am oberen Ende des Zapfens festkleben. An den Kordelenden Perlen befestigen. Aufhänger aus Goldkordel anbringen.

Liegender Zapfen

❶ 2 Quadrate, 4 x 4 cm, aus blauem Band zuschneiden. Aus creme-goldfarbenem Band mit Sternenmuster 54 Stück, aus blauem Band 54 Stück, alle jeweils 8 cm lang, zuschneiden und zu Dreiecken falten.

❷ Ein Quadrat auf Zapfenspitze und 3 Reihen mit jeweils 3 Schuppen aus blauem Band stecken. Dann 3 Reihen mit jeweils 3 Schuppen aus cremefarbenem Band stecken. In diesem Wechsel bis zur 18. Reihe arbeiten.

❸ Ein Quadrat auf andere Zapfenspitze stecken und in gleicher Weise – wie oben beschrieben – 18 Reihen zur Mitte bestecken, also 3 Reihen mit je 3 blauen Schuppen, 3 Reihen mit je 3 cremefarbenen Schuppen im Wechsel.

❹ Die dicke Goldkordel zweimal um die Zapfenmitte wickeln. Aus den Restbändern jeweils eine Schleife binden und festkleben. In die Schleifenmitte eine Perle kleben.

Rebenkugel mit goldenen Blüten

Material

- goldfarbenes Band, 4,60 m lang, 6 cm breit
- weißes Band mit goldener Drahtkante, 2,80 m lang, 6 cm breit
- dünne Goldkordel, 1,00 m lang
- goldene Perlenkette, 1,50 m lang
- 1 Rebenkugel
- Tannenzweige
- 1 goldfarbener Ilexbeerenpick
- 3 angedrahtete goldene Styroporkugeln, ∅ 4 cm
- 1 großes längliches Blatt
- 3 Rosenblätterrosetten
- Blumendraht

Werkzeug

- Schere
- Heißklebepistole
- Seitenschneider

❶ Aus goldfarbenem Band 30 Stücke, aus weißem Band 15 Stücke – alle jeweils 12 cm lang – zuschneiden und zu Dreiecken falten. Die unteren Ecken nach innen legen und mit Blumendraht zusammenwickeln. Auf diese Weise entsteht ein Blütenblatt.

❷ Die beiden unteren Ecken von 5 weißen Dreiecken – mit der Faltkante nach außen – nach vorne einschlagen und um eine goldene Styroporkugel kleben. Um 0,5 cm nach unten und seitlich versetzt zwei Reihen mit je 5 goldfarbenen Dreiecken – mit der Faltkante nach innen – aufkleben. Anschließend eine Rosenblätterrosette aufkleben und den Stiel der Styroporkugel mit dem Seitenschneider abkneifen.

❸ In gleicher Weise die anderen beiden Blüten erstellen. Aus je einem 1,00 m langen goldfarbenen und weißen Band jeweils eine Schleife mit der dünnen Goldkordel binden.

❹ Auf die Mitte der Rebenkugel das Blatt kleben. Tannengrün, Beerenpick, Perlenkette, Blüten und Schleife aufkleben. Aus Goldkordel Aufhänger anfertigen.

Neben dieser Auswahl aus der Brunnen-Reihe haben wir noch viele andere Bücher im Programm. Wir informieren Sie gerne - fordern Sie einfach unsere neuen Prospekte an:

- Bücher für Ihre Kinder: Basteln, Spielen und Lernen mit Kindern
- Bücher für Ihre Hobbys: Stoff und Seidenmalerei, Malen und Zeichnen, Keramik, Floristik
- Bücher zum textilen Handarbeiten: Sticken, Häkeln und Patchwork

Wir sind für Sie da, wenn Sie Fragen zu AutorInnen, Anleitungen oder Materialien haben. Und wir interessieren uns für Ihre eigenen Ideen und Anregungen. Faxen, schreiben Sie oder rufen Sie uns an. Wir hören gerne von Ihnen! Ihr Christophorus-Verlag

Hermann-Herder-Str. 4 / 79104 Freiburg i. Breisgau

CHRISTOPHORUS
Bücher mit Ideen

Tel: 0761/2717-268 oder Fax: 0761/2717-